Enres 2010.2013.

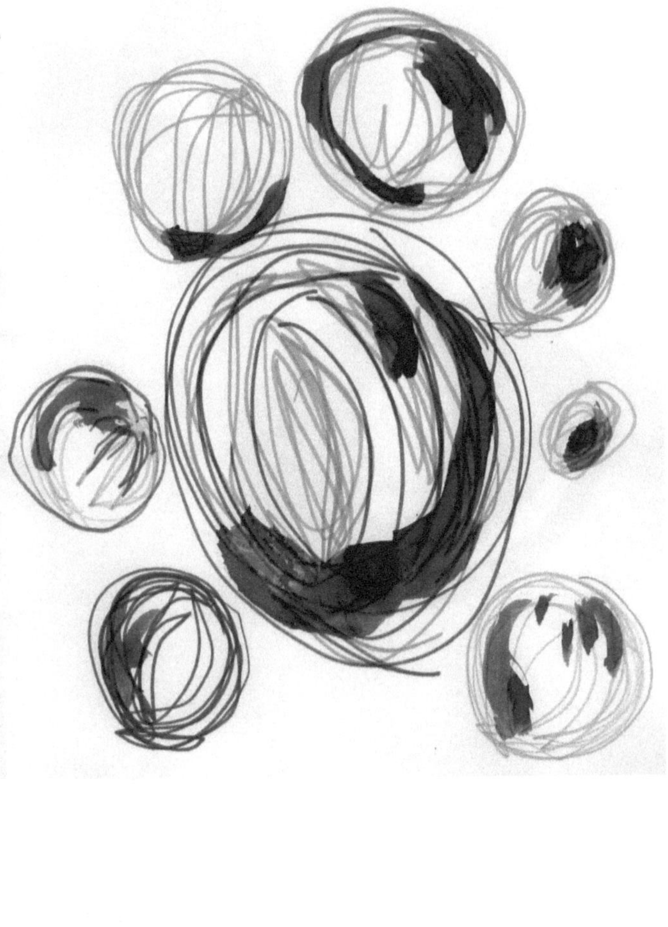

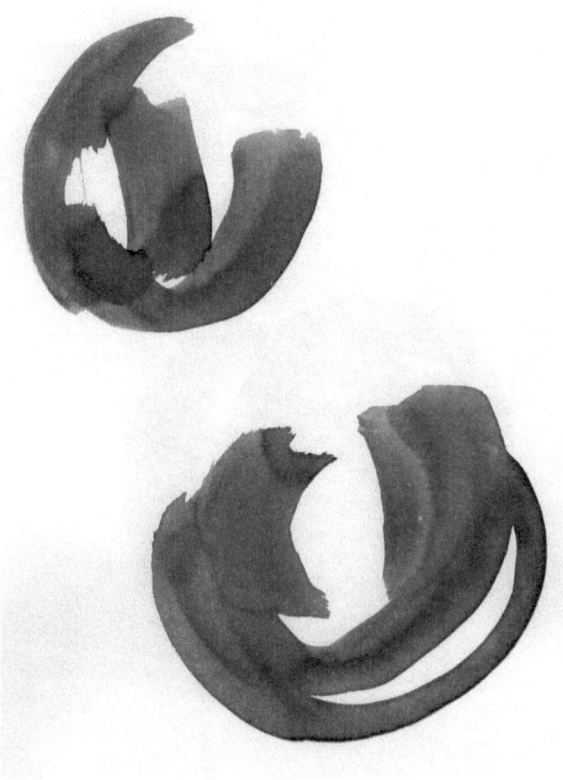

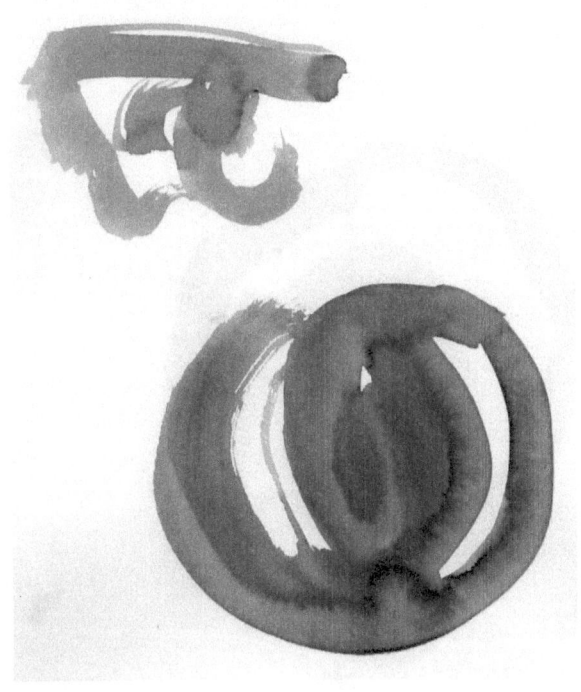

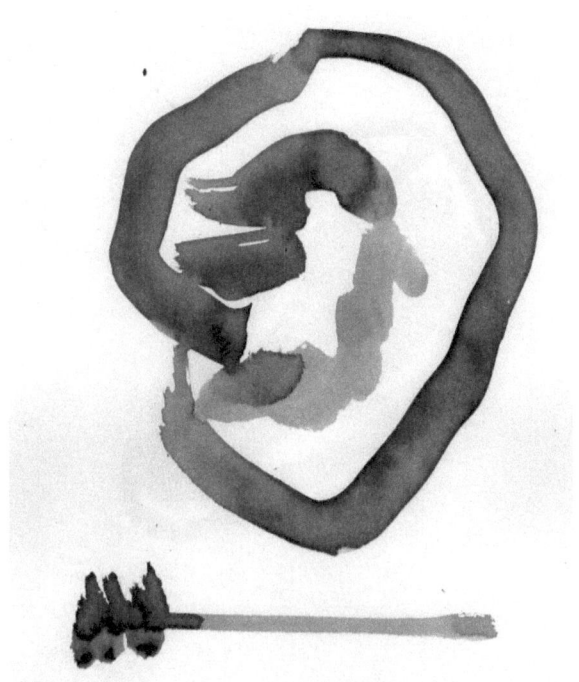

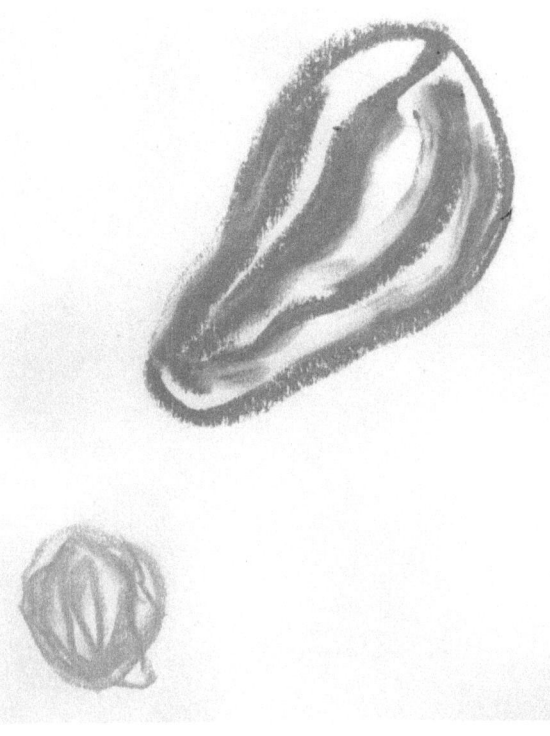

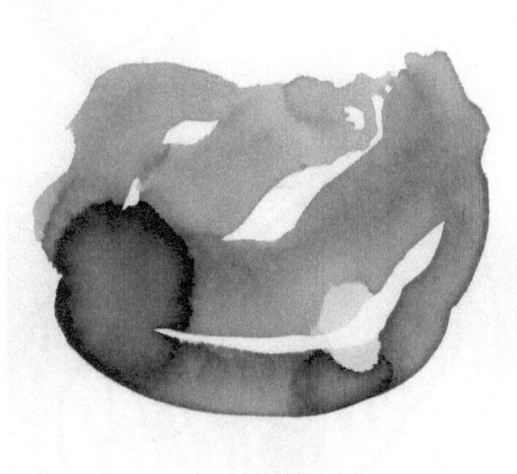

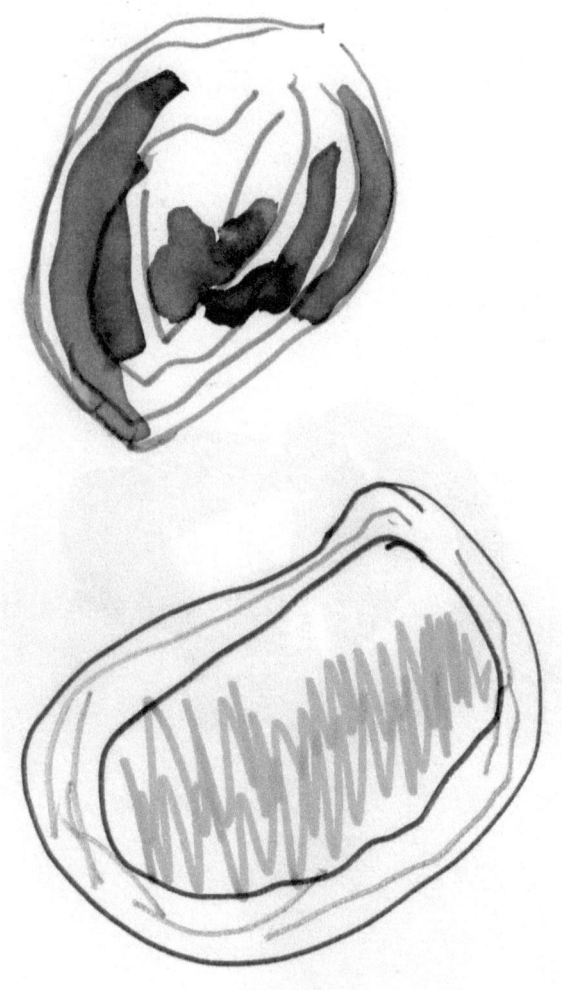

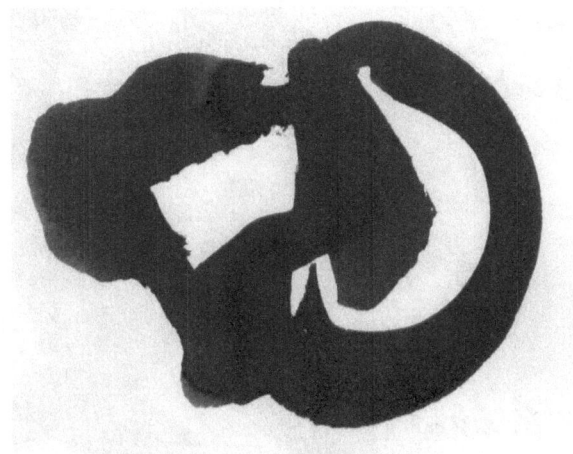

Art !

Nous sommes
Dans le monde
où le son parle
Et où ÉROS est mort.
Le citoyen est fondu
Ainsi que l'art
De la grande pensée
Que faire
Nous réfléchisseurs ?
Prendre le poing
Pour redonner aux hommes
La lumière des origines
Du language ~~des origines~~
　　　　　　et de
La liberté
Triste cieux machineux...

　　　　　FIN

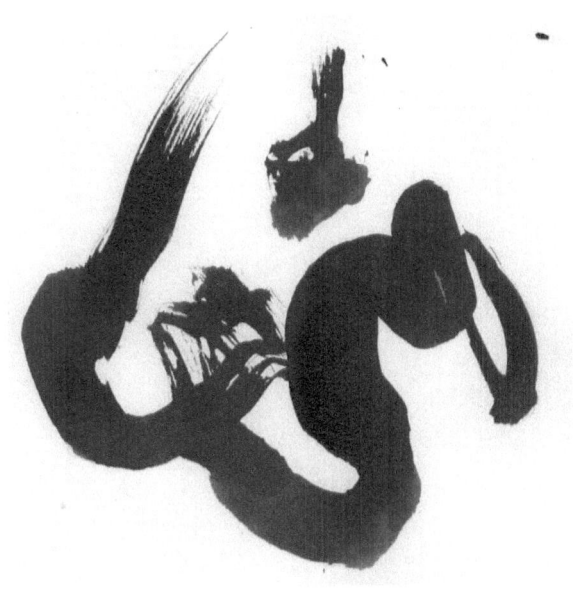

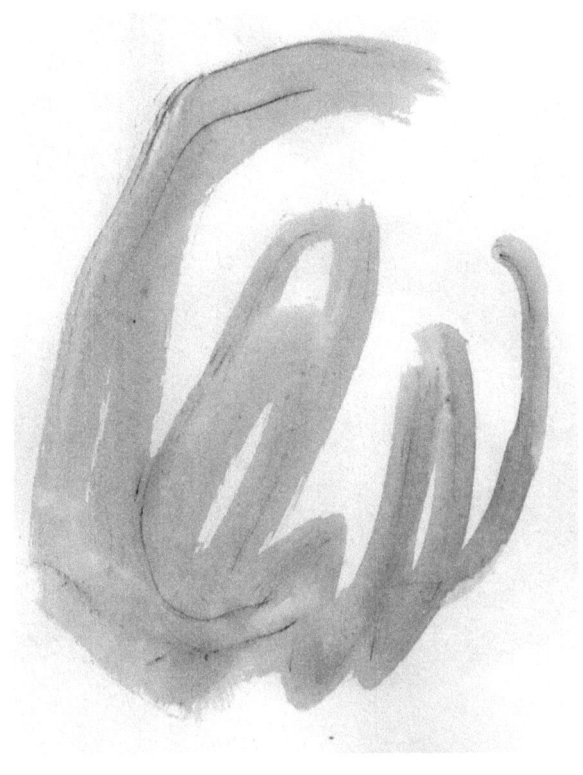

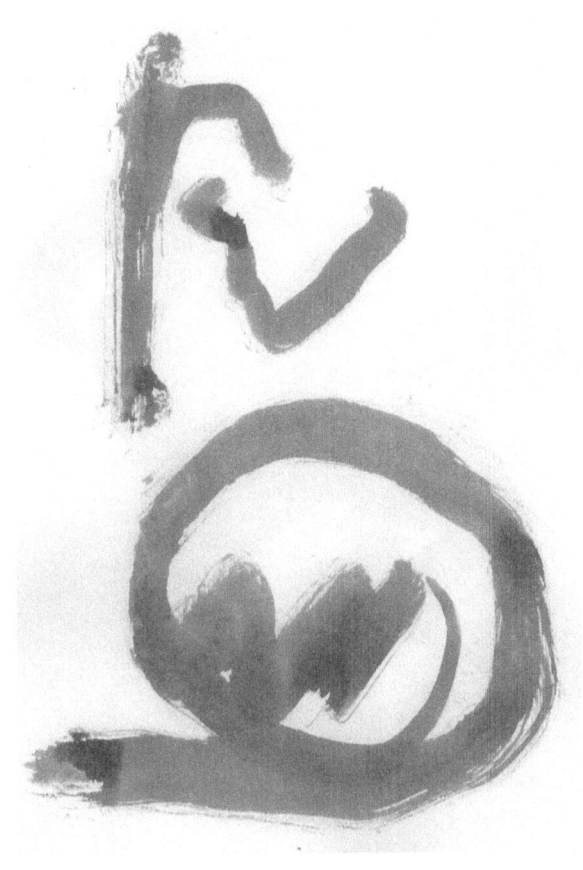

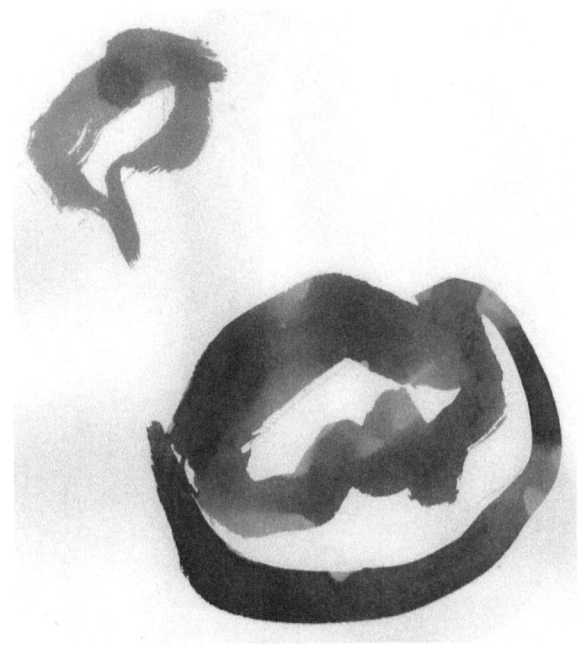

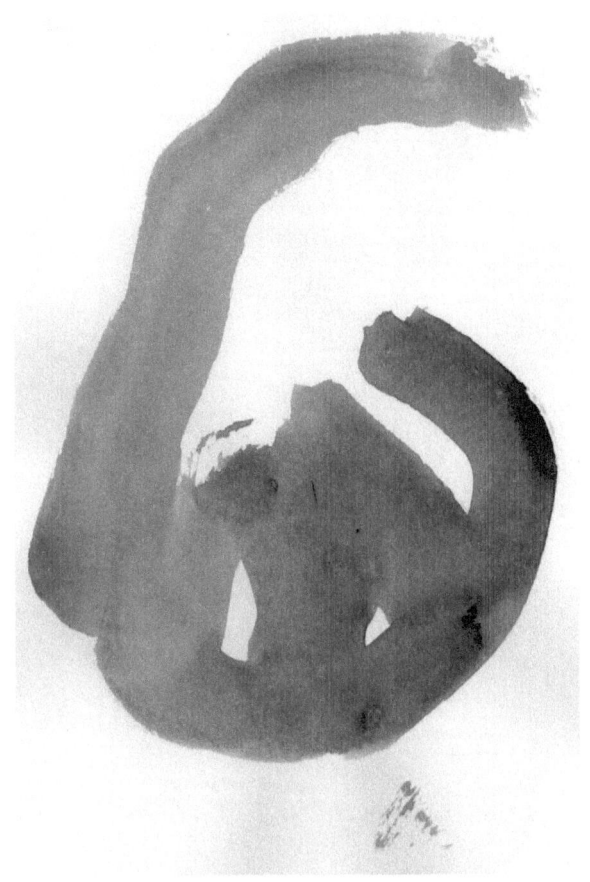

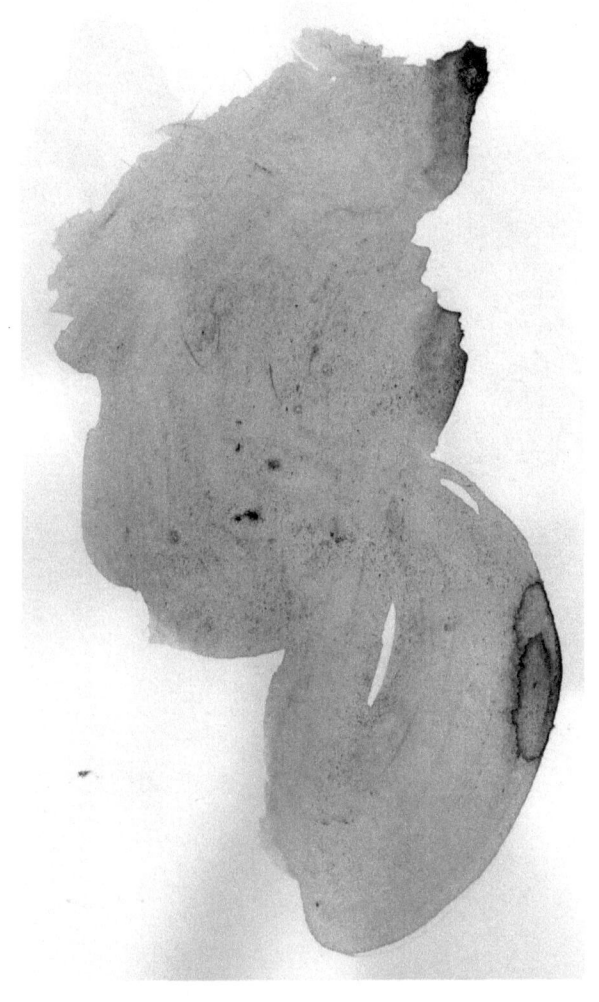

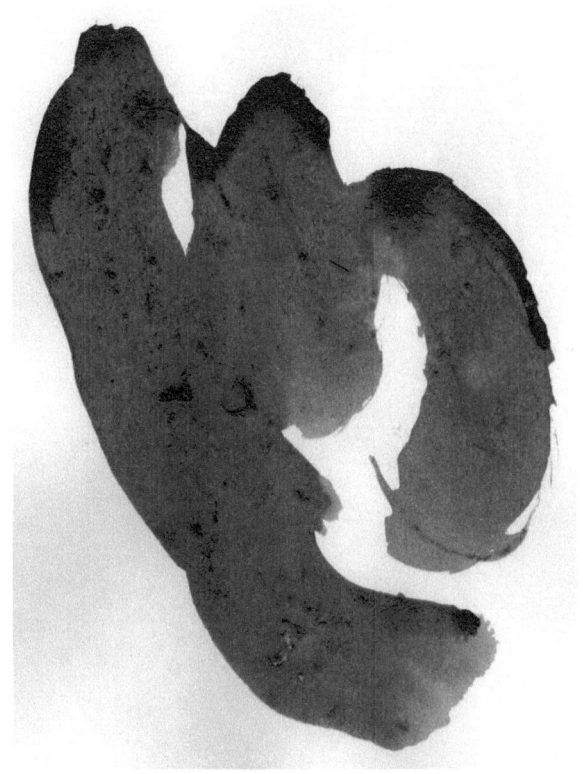

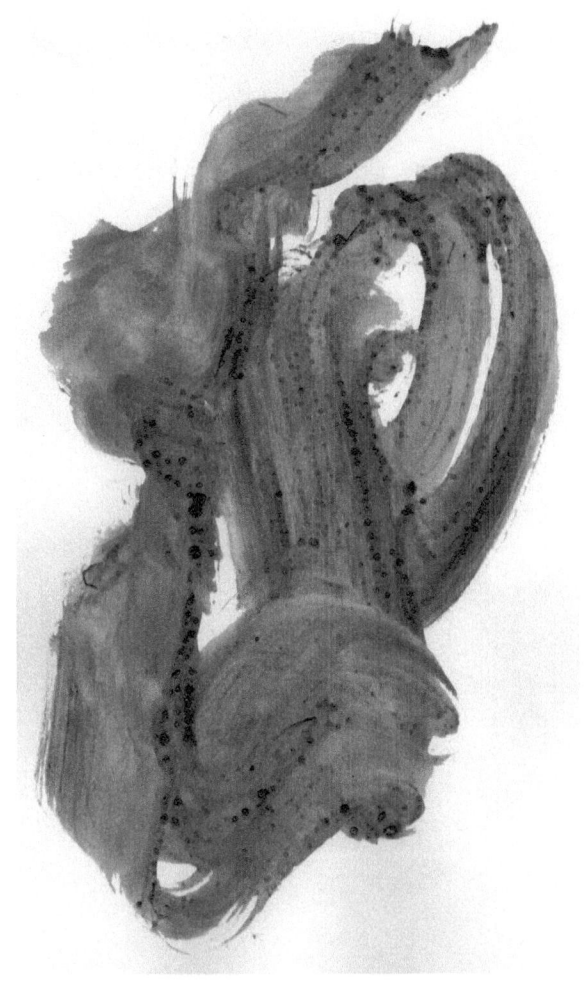

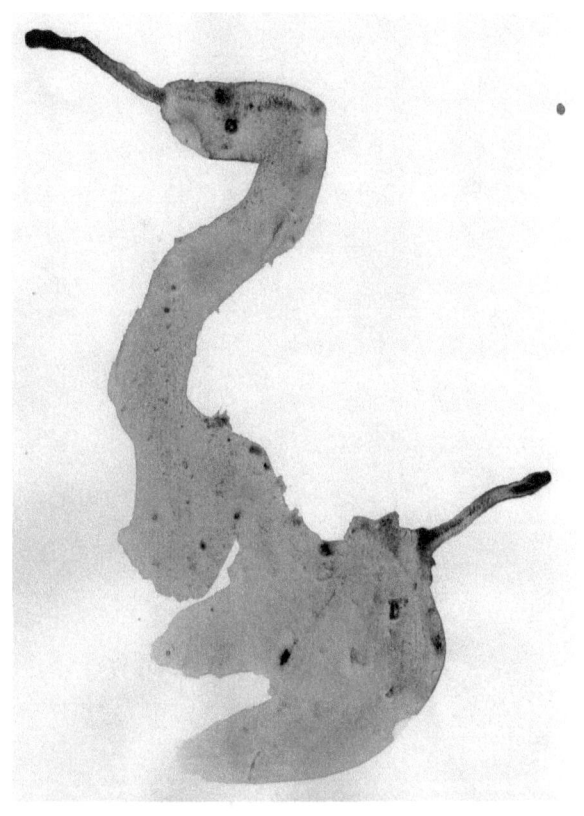

Collection FRAGMENTATION

Retrouvez aussi la poésie de Raoul Tévès, avec « Au syndicat des anges », « Le cheval ardent au pré d'or », « Mille neuf cent quatre vingt deux », « Le chinois qui gobait les œufs »

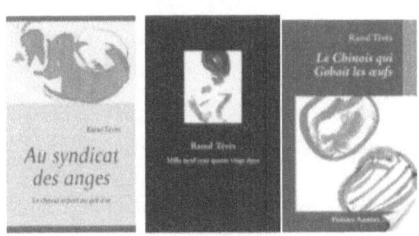

(6 Euros) (7 Euros) (6 Euros)

Et, Didier Davoust :

Maurice, philosophe de comptoir

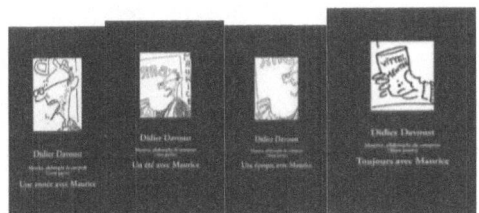

Tome 1 : Un été avec Maurice ! (6 Euros)
Tome 2 : Une année avec Maurice ! (6 Euros)
Tome 3 : Une époque avec Maurice ! (7 Euros)
Tome 4 : Toujours avec Maurice ! (7 Euros).

Auteurs également présents sur www.fragweb.org
De nombreux autres ouvrages à paraître...

Collection FRAGMENTATION
© 2014, Raoul Tévès
Edition : BoD - Books on Demand, 12/14 rond-
point des Champs Elysées, 75008 Paris
Imprimé par BoD - Books on Demand GmbH,
Norderstedt, Allemagne
ISBN : 9782322037155
Dépôt légal : Juin 2014

www.ingramcontent.com/pod-product-compliance
Lightning Source LLC
Chambersburg PA
CBHW030519220526
45464CB00006B/2860